BEI GRIN MACHT SICH IHR WISSEN BEZAHLT

- Wir veröffentlichen Ihre Hausarbeit, Bachelor- und Masterarbeit

- Ihr eigenes eBook und Buch - weltweit in allen wichtigen Shops

- Verdienen Sie an jedem Verkauf

Jetzt bei www.GRIN.com hochladen und kostenlos publizieren

Frithjof Böhle-Holzapfel

"Einkraft der Seele"

Ganzheitliche Ästhetik in J. G. Herders Schrift "Vom Erkennen und Empfinden der menschlichen Seele"

GRIN Verlag

Bibliografische Information der Deutschen Nationalbibliothek:

Die Deutsche Bibliothek verzeichnet diese Publikation in der Deutschen National-
bibliografie; detaillierte bibliografische Daten sind im Internet über http://dnb.d-
nb.de/ abrufbar.

Dieses Werk sowie alle darin enthaltenen einzelnen Beiträge und Abbildungen
sind urheberrechtlich geschützt. Jede Verwertung, die nicht ausdrücklich vom
Urheberrechtsschutz zugelassen ist, bedarf der vorherigen Zustimmung des Verla-
ges. Das gilt insbesondere für Vervielfältigungen, Bearbeitungen, Übersetzungen,
Mikroverfilmungen, Auswertungen durch Datenbanken und für die Einspeicherung
und Verarbeitung in elektronische Systeme. Alle Rechte, auch die des auszugsweisen
Nachdrucks, der fotomechanischen Wiedergabe (einschließlich Mikrokopie) sowie
der Auswertung durch Datenbanken oder ähnliche Einrichtungen, vorbehalten.

Impressum:

Copyright © 1990 GRIN Verlag GmbH
Druck und Bindung: Books on Demand GmbH, Norderstedt Germany
ISBN: 978-3-640-24576-5

Dieses Buch bei GRIN:

http://www.grin.com/de/e-book/120531/einkraft-der-seele

GRIN - Your knowledge has value

Der GRIN Verlag publiziert seit 1998 wissenschaftliche Arbeiten von Studenten, Hochschullehrern und anderen Akademikern als eBook und gedrucktes Buch. Die Verlagswebsite www.grin.com ist die ideale Plattform zur Veröffentlichung von Hausarbeiten, Abschlussarbeiten, wissenschaftlichen Aufsätzen, Dissertationen und Fachbüchern.

Besuchen Sie uns im Internet:

http://www.grin.com/

http://www.facebook.com/grincom

http://www.twitter.com/grin_com

Frithjof Böhle-Holzapfel, M.A.

"Einkraft der Seele":
Ganzheitliche Ästhetik in J. G. Herders Schrift "Vom Erkennen und
Empfinden der menschlichen Seele".

Inhalt

Hinweise zur zitierten Literatur

Folgende Abkürzungen benutze ich im Text:

VEE
J. G. Herder: Vom Erkennen und Empfinden der menschlichen Seele, Bemerkungen und Träume (1778), in: Sämtliche Werke in 33 Bänden, ed. Bernhard Suphan, Berlin 1877-1913, Bd. V, S. 169-235

Fassung 1774
J. G. Herder: Uebers Erkennen und Empfinden in der Menschlichen Seele (1774)
in: Ibid., pp. 236-262

Folgende Abkürzungen benutze ich im Anmerkungsapparat:

Psychologia empirica
Christian Wolff: Psychologia empirica, methodo scientifica pertractata, quae ea, quae de anima humana indubia experientiae fide constant, Francofurti et Lipsiae 1738 (Reprint Hildesheim 1978)

Psychologia rationalis
Christian Wolff: Psychologia rationalis, methodo scientifica pertractata, quae ea,
quae de anima humana indubia experientiae fide innotescunt, Francofurti et Lipsiae
1740 (Reprint Hildesheim 1972)

Gerhardt
Gottfried Wilhelm Leibniz: Die philosophischen Schriften. Hrsg. von C. I. Gerhardt, 7 Bände, Berlin l875-80 (Reprint Hildesheim 1960-79)

§1 Vorbemerkung

Die philosophische Klasse der Berliner Akademie der Wissenschaften schrieb unter dem Vorsitz Johann Georg Sulzers 1773 eine Preisfrage aus, die 1. das Verhältnis von Erkennen und Empfinden als einer *"zwiefachen Kraft der Seele"*[1] untersucht wissen wollte, und 2. die Frage nach der Wirkung dieser *"beyden Seelenkräfte"*[2] auf das zu dieser Zeit heftig diskutierte Phänomen "Genie" zur Debatte stellte.

Daß der Komplex von Erkenntnis und Empfindung im Rahmen einer dualistischen Sichtweise abgehandelt werden sollte, war nicht weiter verwunderlich: Schon 1763 hatte der Initiator J. G. Sulzer einen Aufsatz mit ähnlichen inhaltlichen Gewichtungen publiziert,[3] in dem er sämtliche Wirkungen der menschlichen Seele auf zwei Grundvermögen, sc. Vorstellung und Empfindung, zurückführte. Sulzers Schrift untersucht, wie beide Komponenten jeweils getrennt operieren, betont aber, daß die Seele *"gemeiniglich (...) diese beyden Vermögen zugleich"*[4] ausübt.

An dem ausgeschriebenen Thema beteiligte sich 1774 auch Johann Gottfried Herder. Sein Beitrag mit dem Titel "Übers Erkennen und Empfinden in der menschlichen Seele" enthüllte jedoch einen gänzlich anders gearteten inhaltlichen Ansatz: Entgegen der akademischen Vorgabe setzte Herder Erkenntnis und Empfinden als *Eine* Seelenkraft und negierte somit die Intention der Akademie. Projekt und Ausführung verkündete er am 5. August 1774 in einem Schreiben an Friedrich von Hahn.

> *"Was ich an die Preisfrage bisher gedacht, ist nicht der Rede werth: den medius terminus aber der beiden Sätze, die ich, wie sie für identisch halte (erkennen und genießen); habe ich bisher noch nicht anders als ein Wesen Eines Geistes, und, wie ichs hier entwickeln werde, eines eingeschränkten, sich vervollkommnenden Geiste finden können."*[5]

Herders unmittelbarer Beitrag zum Thema der Akademie umfaßte zwei jeweils überarbeitete Versionen; eine dritte, weitaus detailliertere Fassung erschien (freilich ohne direkten Bezug zur Preisfrage) 1778 anonym. Seinem frühen, 1774 fertiggestellten Traktat, folgte 1775 eine erweiterte Umarbeitung, da die Berliner Akademie aufgrund inhaltlich nicht zufriedenstellender Einsendungen das Thema im Jahre 1775 erneut

---

[1] Im Vorwort seiner 1786 in Berlin veröffentlichten Preisschrift "Allgemeine Theorie des Denkens und Empfindens" wiederholt J. A. Eberhard den genauen Wortlaut der akademischen Fragestellung; cf. ibid., Berlin 1786, p. 14 f. (Repr. Brüssel 1968)
[2] Ibid.
[3] Der Aufsatz trägt den Titel "Anmerkungen über den verschiedenen Zustand, worinn sich die Seele bey Ausübung ihrer Hauptvermögen, nämlich des Vermögens, sich etwas vorzustellen und des Vermögens zu empfinden, befindet." in: J. G. Sulzer, Vermischte philosophische Schriften, Leipzig 1773, pp. 225-243 (Repr. Hildesheim 1974)
[4] Ibid., p. 225ff.
[5] Zitiert nach: R. Haym, Herder nach seinem Leben und seinen Werken, Berlin 1880, p. 665

ausschrieb.[6] In beiden Fällen (1774 und 1775) blieb Herder der Preis versagt. Ein Schreiben an J. G. Zimmermann vom 28. Dezember 1775 bezeugt, daß er mit diesem Ergebnis, im Hinblick auf seine inhaltlichen Prämissen und Argumentationen, gerechnet hatte: *"Ich kann den Preis nicht erhalten, denn ich habe das Gegenteil von dem bewiesen, was die Akademie will..."*[7]

1776 wurde dagegen J. A. Eberhards themenkonformer Arbeit "Allgemeine Theorie des Denkens und Empfindens" der Hauptpreis zuerkannt. Zwei Jahre später veröffentlichte Herder die dritte und endgültige Version unter dem Titel "Vom Erkennen und Empfinden der menschlichen Seele; Bemerkungen und Träume", die auch textliche Grundlage der vorliegenden Arbeit sein soll. Wo es der faktisch und argumentativen Prägnanz dienlich erschien, habe ich allerdings auch das Frühkonzept von 1774 berücksichtigt.

Herders Thesen verstehen sich weitestgehend als Kritik und auch Korrektiv der in Deutschland noch wirksamen rationalistischen Schulphilosophie Leibniz' und Wolffs. Dementsprechend nimmt Herder auf deren Inhalte und Terminologie ständigen Bezug. Daher orientiert sich die Struktur der vorliegenden Untersuchung auch explizit an meines Erachtens notwendigen faktischen Ergänzungen aus dem Bereich der rationalistischen Tradition, die ich, dem jeweiligen argumentativen Kontext gemäß, zur Erhellung der Gesamtproblematik in den Fußnoten angeführt habe.

---

[6] Ausführlicher dargelegt von Haym, op. cit., p. 668 ff.
[7] Ibid. zitiert, p. 669

§2 Zur Problemstellung: Vermögenspsychologie und Emanzipation der Sinnlichkeit im 18. Jahrhundert

Im Zuge der verstärkten Rezeption der empiristisch orientierten englischen Philosophie kommt es Mitte des 18. Jahrhunderts in Deutschland zu einer eigentümlichen Synthese von bislang eher pejorativ bewerteten Erkenntniselementen wie Sinnlichkeit, Reiz und Empfindung und wichtigen theoretischen Positionen der rationalistischen Schulphilosophie. Für die Entwicklung der Ästhetik in Deutschland war diese schrittweise Emanzipation des Sinnlichen als eigenständiges Erkenntnispotential neben der Verstandeskraft ausschlaggebend. Schon der Wolff - Schüler Georg Bernhard Bilfinger machte in seinen "Dilucidationes philosophicae" von 1725 auf die Nützlichkeit einer Logik des sogenannten "unteren Erkenntnisvermögens" aufmerksam.[8]Alexander Gottlieb Baumgarten manifestierte schließlich das Reich des Sinnlichen, Imaginativen in einer neuen, selbständigen Wissenschaft, der Ästhetik. Die Anregung Bilfingers wird im § 533 der Metaphysik Baumgartens zur ausdrücklichen *"logica cognoscitivae facultatis inferioris"* verarbeitet.[9]

Damit ist der rein logoszentrierte Erkenntnishorizont der rationalistischen Schulphilosophie zwar in Frage gestellt, jedoch keineswegs seiner theoretischen Legitimationsfunktion gänzlich enthoben; weiterhin bleibt das metaphysische Grundgerüst von Ontologie, Seelenpsychologie und Erkenntnislehre in wesentlichen Teilbereichen bestehen. Indessen wird die Funktion der Sinnlichkeit nunmehr der Vernunfterkenntnis angeglichen, indem sie, mit der Logik kombiniert, nicht mehr nur als bloßer Reiz oder Denkprämisse fungiert, sondern sich in Form eines definitorisch stärker gewichteten *analogen rationis* zu einer spezifischen Logik entfalten kann.[10] Ästhetik im 18. Jahrhundert ist also in erster Linie spezielle Erkenntnistheorie und praktische Psychologie: Die neue wissenschaftliche Disziplin untersucht dezidiert die Möglichkeiten sinnlicher Erkenntnis und setzt diese (sofern es rationalistische Ästhetik ist) in

---

[8] So Bilfinger im § 268: "Vellem existerent, qui circa facultatem sentiendi, imaginandi, attendendi, abstrahendi, & memoriam praestarent, quod bonus ille Aristoteles, adeo hodie onmibus sordens, praestitit circa intellectum: hoc est, ut in artis formam redigerent, quicquid ad illas in suo usu dirigendas, & iuvandas pertinet & conducit; quemadmodum Aristoteles in organo Logicam, sive facultatem demonstrandi redigit in ordinem. Neque enim ista aut impossibilia esse putem, aut inutilia." cf. G. B. Bilfinger, Dilucidationes philosophicae de Deo, anima humana, mundo, et generalibus rerum affectionibus, Tubingae 1725, § 268 (Repr. 1982)
[9] Die explizite Definition der Ästhetik lautet: "Scientia sensitive cognoscendi et proponendi (!) est AESTHETICA (Logica facultatis cognoscitivae inferioris, Philosophia gratiarum et musarum, gnoseologia inferior, ars pulchre cogitandi, ars analogi rationis)," A. G. Baumgarten, Metaphysica, Halae 1779, § 533 (Repr. Hildesheim 1963)
[10] Zweifelsohne erfährt der Begriff des analogon rationis durch Baumgarten eine spektakuläre und innovative Neubewertung. Dagegen versteht Christian Wolff unter dem Terminus noch das bloß Vernunftähnliche, das er als einen "bloß in den Sinnen, der Einbildungskraft und dem Gedächtnisse" gegründeten Induktionsschluß definiert und im Verhalten der Tiere zu beobachten vermeint, cf. Chr. Wolff, Vernünfftige Gedancken von Gott, der Welt und der Seele des Menschen (Deutsche Metaphysik), Halle 1751, § 377 (Repr. Hildesheim 1983)

Relation zu den standardisierten Seelenvermögen der Wolff - Schule. All das scheint nicht neu, sind es doch grundlegende Inhalte der herkömmlichen rationalistischen Erkenntnistheorie. Der Unterschied dieser zur Ästhetik liegt allerdings in der spezifisch "ästhetischen" Dimension: Ästhetik ist Theorie der Erkenntnis, doch der sinnlichen und, was neu ist, der "sinnlich-schönen" im Besonderen. Nach Baumgarten definiert sich Ästhetik ja unter anderem als *"scientia sensitive cognoscendi"* und *"ars pulchre cogitandi"*, also einer Wissenschaft, die sich auf das Areal des sinnlich rezipierbaren konzentriert und deren Bedingungen für eine möglicherweise "sinnlich-schöne" Erkenntnis auslotet. Mit den psychologischen Grundprämissen Wolffscher Provenienz verbleibt sie aber in beständiger Verknüpfung. Genau hier jedoch beginnt Herders Kritik: Er moniert Baumgartens "ersten Fehler", nämlich das apriorische Setzen von separaten psychologischen Grundvermögen, mithin die apodiktische Differenzierung der Seele in "untere" und "obere" Erkenntniskräfte.[11] Dabei konzentrieren sich die Einwände nicht nur auf die Psychologie Baumgartens (welche Bestandteil seiner Metaphysik ist), sondern nehmen sie zum Anlaß, generelle Beanstandungen an den vermögenspsychologischen Inhalten der Wolff - Schule vorzunehmen.

Herder beurteilt das auf die Seele projizierte abstrakte Gliederungsmodell in Kräfte (vis), Fähigkeiten (facultates) und Vermögen (potentiae) als inadäquat (VEE passim).[12] Dem entgegen konzipiert Herder mit der Schrift "Vom Erkennen und Empfinden der menschlichen Seele; Bemerkungen und Träume" eine eigene ästhetische Grundlegung, die sich sämtlicher apriorischen Diktate entledigen will, indem sie

1. die Differenz inferiorer und superiorer Erkenntniskräfte (Denken und Empfinden) und deren abgeleitete Vermögen aufzuheben bemüht ist, und

2. Seele und Körperlichkeit (sc. das Sinnliche) als individuelle Ganzheit interpretiert; losgelöst von den Dualismus-Konzepten klassischer Metaphysik.

Mutata mutandis birgt Herders ästhetischer Plan zunächst die vorbereitende Reflexion auf die Bedingungen menschlicher Erkenntnis- und Empfindungsfähigkeit überhaupt. Sie ist mithin ästhetische Propädeutik, sc. Psychologie und Erkenntnis-

---

[11] Cf. J. G. Herder, Von Baumgartens Denkart, Suphan XXXII, p. 191

[12] In bestechender Kürze verdeutlichen die Wolff-Schüler Ludwig Phillip Thümmig und Friedrich Christian Baumeister die für die Psychologie Wolffs so wichtige Differenzierung zwischen vis und facultas/potentia. Es lohnt daher, beide Stellen anzuführen. Bei Thümmig heißt es: "Nuda agendi possibilitas vocatur potentia sive facultas, conatus vero agendi vis sive virtus. Solet etiam nuda patiendi possibilitas vocari Potentia passiva. (...) Ex vi igitur sequitur actio, nisi impedimentum in contrarium adsit: at ex Potentia minime, quae ad actum nondum determinata sufficienter...", cf. L. P. Thümmig, Institutiones philosophiae Wolfianae, Francofurti & Lipsiae 1725, §§ 85, 86 (Repr. 1982)
Ähnlich statuiert Baumeister: "Potentia activa sive facultas est possibilitas agendi, Potentia passiva est possibilitas patiendi. (...) Vis est id, quod in se continet rationem sufficientem actualitatis actionis, seu, est conatus vel nisus continuus agendi." Baumeister, F. Chr., Philosophia definitiva, h. e. definitiones philosophiae ex systemate Lib. Bar. a. Wolf, Halae 1741, §§ 514, 515 (Repr. Hildesheim 1978)

theorie. Es ist nun zu fragen, wie Herder seine "ganzheitliche" Ästhetik (verstanden als Konnex von Erkennen und Empfinden) explizit entwickelt und inwiefern sich sein Schaffensbegriff, verknüpft mit dem Terminus "Genie", aus diesem theoretischen apparatus ableiten läßt. Die folgenden Paragraphen werden diese stufenweise thematische Ausarbeitung Herders nachvollziehen und fortwährend unter dem Aspekt der postulierten Einheitsthese reflektieren.

§3 "Fundus animae": Reiz (dunkle Perzeption) und Affekt

Herders Abhandlung stützt sich auf einen inhaltlich ständig in Zusammenhang stehenden physiologisch-psychologischen Doppelansatz. Dieser ist das Korrelat von sensualistischer Methode und einer "innig wirkenden" geistigen Einkraft, der Seele. Herder legt mit der inhaltlich wechselseitigen Beziehung des Begriffspaares Physiologie und Psychologie seinen Argumentationsweg deutlich fest: Nur mit Hilfe der unmittelbaren Erfahrung vom Verhältnis des auf den organischen Körper einwirkenden Reizes und dem "unnennbaren" Phänomen seelischer Tätigkeit kann die Relation Denken/Empfinden erörtert werden. *"Meines geringen Erachtens ist keine Psychologie, die nicht in jedem Schritte bestimmte Physiologie sei, möglich."* (VEE 180) Aus dieser Interdependenz entwickelt sich der Mensch als sensitive und psychische Einheit; empfindend, erkennend und von Tätigkeit erfüllt.

> *"Der innere Mensch mit alle seinen dunklen Kräften, Reizen und Trieben ist nur Einer. Alle Leidenschaften, ums Herz gelagert, und mancherlei Werkzeuge regend, hangen durch unsichtbare Bande zusammen und schlagen Wurzel im feinsten Bau unsrer beseelten Fibern."* (VEE 178)

Mit dem Begriff des Reizes erschließt Herder der Ästhetik/Psychologie endgültig das Areal des Unergründlichen und Unbewußten.[13] Damit verarbeitet er die Ausführungen Leibnizens über die Existenz sogenannter *"petites perceptions"*, die der menschlichen Seele Räume des Irrationalen eröffnen und die allmächtige Vernunfterkenntnis relativieren.[14] In der Ästhetik A. G. Baumgartens werden jene nicht analysierbaren Perzeptionen, derer sich der Mensch nicht bewußt werden kann, zum positiv bewerteten ästhetischen Stilmittel: Bei Gelegenheiten wie der "ästhetischen Inspira-

---

[13] Über das Phänomen des Unbewußten cf. auch Sulzer, op. cit., p. 240-243
[14] Leibniz bemerkte einen Zusammenhang zwischen den petites perceptions und Affekten wie Lust und Schmerz. In einer Antwort an Bayle macht er geltend, daß "le plaisir n'est qu'un composé de petites perceptions, dont chacune seroit une douleur, si elle étoit grande." G. W. Leibniz, Die philosophischen Schriften, Hrsg. C. I. Gerhard, Berlin 1875, Bd. IV, S. 563

tion" können Eindrücke, Erfahrungen und Vorstellungen aus dem *fundus animae* zutage treten, die entweder der bewußten Rezeption entzogen waren oder die vergessen schienen.[15] Ähnlich argumentiert Herder: Der Reiz steht für das "erste glimmende Fünklein zur Empfindung" (VEE 171) und ist zugleich Bedingung für Affekt und Leidenschaft.

> *"Im Abgrunde des Reizes und solcher dunkeln Kräfte liegt in Menschen und Thieren der Same zu aller Leidenschaft und Unternehmung. Mehr oder minder Reiz des Herzens und seiner Diener macht Helden oder Feige, Helden in der Liebe oder im Zorne." (VEE 179)*

Physiologisch bestimmt Herder die dunkle Kraft des Reizes als eine kaum fühlbare Reaktion körperlicher Nervenfasern auf den Kontakt mit außerkörperlichen Gegebenheiten. Dies sind physische Vorgänge, die in ihrer Gleichartigkeit auch die Natur beleben.[16] Die psychologischen Begleitumstände und Wirkungen der physisch dunklen Perzeptionen lassen sich indessen nicht bewußt rekonstruieren; es ist jedoch möglich, z. B. affektive Gefühlsresultate wie Schmerz, Zorn, Freude, usf. in körperlichen Entäußerungen wahrzunehmen (VEE 172 f.). Derartige Empfindungen wurzeln in der *"tieffste(n) Tiefe unsrer Seele"* (VEE 185) und geben zudem Hinweis auf die individuelle Individuation des fühlenden Menschen. Um die je individuell einheitliche Welt der Affekte, Neigungen und Leidenschaften transparent zu gestalten und die für die menschliche Psychologie ertragreiche *"lebendige Physiognomik"* aufbauen zu können, postuliert Herder empirische, der bloßen Spekulation abgewandte Methoden: Sammlungen von Lebensbeschreibungen, ärztliche Bulletins und *"geheime Ahndungen der Dichter"* (VEE 183) sollen die psychologische Wirkungsweise des unmerklichen Reizes entdecken und wirkliche empirische Psychologie begründen helfen.[17]

> *"Mit ihnen kämen gewiß die sonderbarsten Anomalien und Analogien menschlicher Abentheuerlichkeit zum Vorschein, und der Vorsteher eines Toll- und Siechhaufens gäbe die frappantesten Beiträge zur Geschichte der Genies aller Zeiten und Länder," (VEE 182)*

Herders Ausführungen über die Bedeutung des Reizes vermeiden die Bezeichnung "seelisches Unbewußtsein", doch die Vielzahl dunkler Perzeptionsinhalte deuten für ihn indessen auf geistige Tiefen hin, welche der Seele verschlossen bleiben. Mithin ist auch das rational-optimistische Verdikt vom weitgehend unbegrenzten Erkenntnis-

---

[15] Im § 80 seiner "Aesthetica" sagt Baumgarten: "Psychologis patet in tali impetu totam quidem animam vires suas intendere, maxime tamen facultates inferiores, ita, ut omnis quasi fundus animae, surgat nonnihil altius, et maius aliquid spiret, pronusque suppediet, quorum obliti, quae non experti, quae praevidere non posse nobis ipsis (!) multo magis aliis, videbamur. cf. Aesthetica, Frankfurt/Oder 1750 (Repr. Hildes. 1970)
[16] "Was in der todten Natur Ausbreitung und Zurückziehung, Wärme und Kälte ist: das scheinen hier diese dunklen Stamina des Reizes zur Empfindung..." (VEE 173)
[17] "Drei Wege weiß ich nur, die hiezu führen mögen. Lebensbeschreibungen: Bemerkungen der Aerzte und Freunde: Weissagungen der Dichter - sie allein können uns Stoff zur wahren Seelenlehre schaffen." (VEE 180)

vermögen der Seele, sofern sie auf sich selbst reflektiert, spätestens mit dieser Schrift aufgehoben. Herder beurteilt das eingeschränkte Kraftmaß der Seele[18] allerdings keinesfalls negativ,[19] sondern sichtet in der *"glücklichen Unwissenheit"* (VEE 185] den Ursprung von Forschungsstreben und menschlicher Freiheit, die *"am tieffsten in der willkührlichen Aufmerksamkeit liegt, eine Seite des Weltalls zu verfolgen oder davon zu abstrahieren, wenn sie uns nichts mehr brächte, oder wir sie nicht zu umfassen vermochten."* (Fassung 1774, S. 245)

§4   Die Einheit von sinnlicher Rezeption und physiologischem Medium: "Ein-Bildung"

Als dunkle Empfindung blieb der Reiz nicht näher analysierbar in sich selbst verborgen. Um aber überhaupt einen bewußten Kontakt zu dem, was außerhalb des Menschen besteht, aufzubauen, ist der je unterschiedliche Sinneneinsatz erforderlich.[20] Mit dessen Hilfe wird der Kontakt erheblich erweitert; der Mensch versetzt sich nunmehr in die Lage, *"dem Erkennen außer uns den Weg zu bahnen."* (VEE 187) Alle separat-sinnlichen Perzeptionen werden schließlich durch Zusammenfluß in Eins strukturiert ("Einbildung") und gelten nun als unmittelbarer Ursprungsort seelischer Denkvorgänge und Empfindungsweisen. Die psychologische Komponente "Einbildung", die Herder hier zur Erklärung des homogenen "Eins-Werdens" sinnlicher Informationsgehalte heranzieht, ist auch wiederum nur durch das Zusammenwirken mit einer physiologischen Konstante verständlich: In diesem Fall bewirkt das menschliche Nervensystem als "Empfindungsmedium" die Vereinigung von einzelsinnlichen Rezeptionsmodi in eine ganzheitliche Empfindungsweise der Seele.

> *"Wenn also aus unseren Sinnen in die Einbildungskraft, oder wie wir dies Meer innerer Sinnlichkeit nennen wollen, Alles zusammenfleußt und darauf unsre Gedanken, Empfindungen und Triebe schwimmen und wallen: hat die Natur abermals nichts gewebet, das sie einige, das sie leite? Allerdings, und dies ist das Nervengebäude. (...) Wir empfinden nur, was unsre Nerven uns geben; darnach und daraus können wir auch nur denken."* (VEE 190)

Was ist daraus zu schließen? Jener untrennbare Konnex von Physiologie und Psychologie ist mit den mechanisierten *mens-corpus* Dualismen der traditionellen Metaphysik nicht mehr vereinbar. Er bezeugt vielmehr Herders Bestreben, den Menschen

---

[18] "Die Menschliche Seele als ein eingeschränktes Wesen hat auch keine unendliche Kraft zu erkennen und umfaßet nicht das Weltall in seinem Ersten Grunde." (Fassung 1774, S. 245)
[19] So aber in der Schulphilosophie: Chr. Wolff sieht in der "perceptio totaliter obscura" nur einen "defectus claritatis perceptionum", cf. Psychologia empirica; § 36
[20] "Alle groben Sinne, Fasern und Reize können nur in sich empfinden, der Gegenstand muß hinzu kommen, sie berühren und mit ihnen gewissermaßen selbst Eins werden." (VEE 187)

als lebendige Gesamtheit von Leib und Seele, also von Erkenntnisvorgang und individueller Empfindungsart zu interpretieren. Diese natürliche, funktionale Interdependenz zwischen Leib und Seele läßt sich nicht *"mechanisch durch Hieb und Stoß"* (VEE 191) erläutern, sondern wird innig als Einheit "gefühlt". Nicht ohne Grund deutet Herder daher auf inhaltliche Parallelen mit dem scholastischen System des *"influxus physicus"* hin; auch dort wird der wechselseitige Einfluß von Körper und Seele im Rahmen eines naturgemäßen Geschehens interpretiert. Erst die Substanzdiskussion des 17. und frühen 18. Jahrhunderts hat aufgrund scheinbarer Inkompatibilität von materieller und immaterieller Substanz das Modell des *"influxus physicus"* verworfen[21] und sich in das gleichsam unauflösliche Nebeneinander von *mens* und *corpus* hineinmanövriert.[22]

Dagegen nimmt Herder das System des wechselseitigen Einflusses von Körper und Seele als Resultat individueller Erfahrung und schließt:

> *"Auch über den Einfluß des Leibes und der Seele gibt der gegebne Standpunkt klareres Licht: denn er ist im Grunde nichts als der wechselseitige Einfluß zwischen Erkennen und Empfinden. Ich kanns mir nehmlich nicht denken, wie das sogenannte System des Einflußes, wenn mans etwas mit Sinn vorstellet, ungereimt seyn sollte, da es doch offenbar das System der Natur, d. i. simple Erfahrung ist, und die anderen zwo im Grunde nichts sagen." (Fassung 1774, p. 248)*

---

[21] Für Wolff besteht z. B. keinerlei Zweifel, daß "systematis vero influxus physici possibilitatem nec a priori constare, nec a posteriori." cf. Wolff, Ratio praelectionum Wolfianarum, Halae 1735, § 12 (Repr. Hildesheim 1972). In seiner Psychologia rationalis (§ 547) nimmt er noch einmal zum Thema des "influxus physicus" Stellung. Nach wie vor sei die Art und Weise des wechselseitigen Einflusses innerhalb der verschiedenen substantiellen Ausdrucksformen rätselhaft und szientifisch nicht belegbar: "Enimvero nemo hactenus explicare potuit, quomodo vis motrix ex corpore in animam transeat, ibique in perceptivam mutetur, & quomodo vicissim vis quaedam ex anima in corpus transeat ibique in motricem transformetur. Nemo igitur influxum physicum hactenus intelligibili modo explicare potuit."

[22] Im Cartesianismus erfolgte nach der Reduktion auf das ultimate "cogito" eine rigorose Dualisierung der Substanzen in die geisthafte res cogitans (Seele) und der nach mechanischen Gesetzmäßigkeiten funktionierenden res extensa (Körper), d. h. die Existenz der einen Substanz war von der Existenz der anderen jeweils unabhängig; "mens et corpus sunt substantiae, quae una absque alia esse possunt. Ergo mens et corpus realite: distinguuntur." cf. R. Descartes, Oeuvres, Hrsg. Ch« Adam & Paul Tannery, Paris 1904, Bd. VTI, "Meditationes de prima philosophia", S. 169. Die damit vollzogene Autarkie beider Substanzen gestattete keinerlei Einflußnahmen untereinander, und folglich blieb die elementare Grunderfahrung des Punktionskonnex von mens und corpus letzthin ungeklärt. Auch Descartes Annahme korrespondierender "spiritus animales" zwischen Leib und Seele (die freilich seinem System widersprachen), vermacht« den essentiellen Zwiespalt nicht aufzuheben. Der Occasionalismus schien diese Schwierigkeit zu lösen, indem er sämtliche physischen und psychischen Vorgänge in die göttliche Entscheidungsgewalt delegiert sah: "Actus mentis et corporis nulla cognatione naturali, at sola dei voluntate in homine connecti." cf. Johannes Claubergs Corporis et animae in homine coniunctio, plenius descripta, in: Opera omnia philosophica, Amstelodami 1691, S. 219 (Repr. Hildesheim 1968) Somit unterliegen der vis divina alle Abläufe zwischen Körper und Geist, in die sie je nach Gelegenheit steuernd interveniert. Dem Menschen bleibt im Occasionalismus die Passivität; er erscheint als bloßer "contemplator mundi": "Nudus sum hujusce mundi contemplator, speculator sum in hac scena, non actor; (...) Sum igitur nudus speculator huius machinae. In ea nihil ego fingo vel refingo, nec struo quidquam hic, nec destruo, totum id alterius cuiusdam opus est." cf. Arnold Geulincx, Metaphysica vera, in: Opera philosophica, recognavit J. Laud, Den Haag 1891, S. 11-33 Mit dem System der prästabilierten Harmonie bezieht G. W. Leibniz in dieser Diskussion eine Mittelstellung, denn weder die Auffassung des "influxus physicus" noch das cartesisch-occasionalistische Erklärungsmodell (bei dem, wie er sagt, ein unnötiger deus ex machina die Geschicke bestimmt) gelten ihm als plausibel. Nach Leibniz hat Gott Körper und Seele ihren Punktionen gemäß in vollkommenster Weise begründet und wechselseitig harmonisiert. Beide Punktionssphären ähneln in ihrer Genauigkeit dem Ablauf zweier übereinstimmender Uhren, "et c'est la voye du consentement préétabli." cf. Gerhardt, op.cit., p. 501

§5 Die Einkraft der Seele

Die Metaphysik des 17. und frühen 18. Jahrhunderts verknüpft mit der Definition des Begriffes "Seele" in erster Linie das Verständnis von einer einfachen, unteilbaren, weil unausgedehnten Substanz. Beinahe durchgängig erscheint die Seele als *"res simplex"* definiert.[23] Inwieweit allerdings diese *res simplex* über ursprüngliche Vermögen, Kräfte oder Anlagen verfügen könnte, galt als ebenso strittig wie der Bezug von Leib und Seele. *More geometrico* wurde der geisthafte Charakter der Seele zumindest auf das Wesensprädikat "vernünftig", bzw. "vernunftbegabt" reduziert.[24] Diese Auffassung der Seele als *res cogitans* ist von Leibniz im Zuge der Monadenlehre zur *res repraesentans* umgedeutet worden. Die Sichtweise einer *vis repraesentativa* (als seelische Grundkraft) ermöglichte es der Psychologie Wolffs die daraus abgeleitete Annahme oberer und unterer Erkenntniskräfte. Subtil zergliederte die Wolffsche Schulphilosophie aus ihnen separate Erkenntnisvermögen;[25] aber auch der Seelenbegriff nachfolgender Autoren wie Crusius, Sulzer, Tetens und Riedel beanspruchte ein differenziertes Kräftekonglomerat.

Ganz im Gegensatz dazu ist Herders Seelenverständnis von einem lebendigen Einheitsgedanken erfüllt. Nicht nur werden Leib und Seele ganzheitlich begriffen, auch in der Seele selbst herrscht Einheit. Zwar bemüht Herder zur faktischen Umgrenzung des Phänomens "Seele" gleichfalls den Terminus "Kraft", doch bleibt dieser eigentümlich diffus und unkonkret. So ist dem Begriff "Seele" eine innig wirkende, aber auch *"unnennbare"* Kraft inhärent, die aus der Vielzahl von körperlichen Empfindungen und helleren Perzeptionen ein *"lichtes Eins"*, sc. den *"Gedanken"* (Herder nennt auch Apperzeption) zu gestalten vermag.

> *"Was nun auch Gedanke sei, so ist in ihm die innigste Kraft, aus Vielem, das uns zuströmt, ein lichtes Eins zu machen, und wenn ich so sagen darf, eine Art Rückwürkung merkbar, die am hellesten fühlet, daß sie ein Eins, ein Selbst ist." (VEE 193f.)*

---

[23] John Locke z. B. läßt die Frage nach der Immaterialität der Seele unentschieden. "He that considers how hardly Sensation is, in our thoughts, reconcilable to extended matter, or existence to anything that has no extension at all, will confess that he is very far from certainly knowing what his soul is." cf. Locke, Essay, ed. A. G. Fräser, New York 1959, Bd. II, S. 196

[24] Stellvertretend für die rationalistische Position Nicolas Malebranche: "Je ne crois qu'aprés y avoir pensé sérieusement, ou puisse douter que l'essence de l'esprit ne consiste que dans la pensée..." cf. Malebranche, Recherche de la verite, in: Oeuvres completes, ed. G. Rodis-Lewis, Paris 1962, S. 381

[25] Dieses Gliederungsmodell wird schon aus dem Index capitum der Psychologia empirica ersichtlich.

Der Gedanke ist demnach das Resultat einer gewissen Empfindungsstärke, er ist blo-
ßes Ergebnis von dem, was der Seele *"von innen und außen ihr Weltall zuströmt, und
der Finger Gottes zuwinket."* (VEE 194) Die Reflexion über den inneren Zustand der
Seele ist in ihm verborgen: Durch dieses apperzeptive Verhalten vermag die Seele zu
der Erkenntnis ihrer eigenen Empfindungsfähigkeit zu gelangen; damit wird jene
"Rückwürkung" von Erkenntnis auf Empfindung spürbar und die Einheit beider
Komponenten innerhalb der Seele gefühlt. Apperzeption bedeutet also *"Bewußtsein
des Selbstgefühls und der Selbsttätigkeit."* (VEE 195) Apperzeption ist notwendige
Bedingung für eine Erkenntnis überhaupt, nämlich derjenigen Fähigkeit, *"mit einem
Abdrucke göttlicher Energie"* (VEE 194) die Empfindungsmuster sinnlicher Vorstellungen hinreichend relativieren und, soweit möglich, sinnvoll strukturieren zu können. Ohne das apperzeptiv-verstandesgemäße Element würden die Grundpfeiler
künstlerischer oder wissenschaftlicher Arbeit, bzw. der Erkenntnis überhaupt,[26] sepa-
riert und außer Kontrolle geraten: Ihre Inhalte ergäben keinerlei Sinn.

> *"Auch in der Einbildung und dem Gedächtnis, der Erinnerung und Voraussicht muß sich die
> Eine Gotteskraft unsrer Seele, 'innere in sich blickende Thätigkeit, Bewußtsein, Apperception'
> zeigen: in dem Maasse dieser hat ein Mensch Verstand, Gewissen, Willen, Freiheit, das andre
> sind zuströmende Wogen des großen Weltmeers. Man nennet das Wort Einbildungskraft
> und pflegts dem Dichter als sein Erbtheil zu geben; sehr böse aber, wenn die
> Einbildungskraft ohne Bewußtseyn und Verstand ist, der Dichter ist nur ein rasender
> Träumer."* (VEE 195)[27]

So jedoch, im Verbund mit verstandeskonformer Apperzeption, werden diese spezifischen Seelentätigkeiten zu einer sinngebenden Ganzheit formiert - die irregeleitete
Einbildungskraft, der *"kindische Witz"*, das *"leere Gedächtnis"* und der *"spinnwe-
bende Scharfsinn"* entwickeln sich unter dem Prinzip der Apperzeption zum sinnvollen Eins, zu *"Einer und derselben Energie der Seele"* (VEE 196), der auch das "Wollen" untrennbar zugehört. Erkenntnis und Wollen bedingen sich einander, sie
sind *"Eine Kraft und Würksamkeit der Seele."* (VEE 201) Gründliches Erkennen bestimmt ursächlich den Willen, eine erkannte, gefühlte Wahrheit und echte, tief emp-
fundene menschliche Güte zu begehren und zu lieben.

> *"Ist jedes gründliche Erkenntniß nicht ohne Wollen, so kann auch kein Wollen ohn' Erkennen
> seyn: Sie sind nur Eine Energie der Seele. Aber wie unser Erkennen nur menschlich ist und
> also seyn muß, wenn es recht seyn soll; so kann auch unser Wollen nur menschlich seyn,
> mithin aus und voll menschlicher Empfindung."* (VEE 199)

---

[26] Hier ist wiederum interessant, daß Herder auf die terminologische Schärfe der Schulphilosophie zurückgreift.
Wolff handelt die Begriffe facultas fingendi (Dichtungsgabe bei Herder), imaginatio (Einbildungskraft), memoria,
acumen (Gedächtnis und Scharfsinn) breit in der Psychologia empirica ab.
[27] Auch bei Wolff gelten Einbildungen, die derart planlos verlaufen, daß sie "contra rationem" stehen, als "leere
Einbildungen", cf. Wolff, Deutsche Metaphysik, op.cit., § 242; Psychologia empirica, §§ 146, 147

Entwicklung und Darstellung des Programms der seelischen Einkraft zeigen, daß dem einheitlichen Seelenverständnis Herders jedes klassifizierendes Bestreben und analytisches Systemdenken *"methodo scientifica"*[28] in den Bereichen, die gefühlt und individuell empfunden werden müssen, fremd ist.[29] Verzichtet der Mensch auf Abstraktion und beginnt sein Selbst zu empfinden, so wird er sich als individuelles Seelen- und Gefühlswesen erfahren, belebt durch Reize und Empfindungen, ausgestattet mit der unnennbaren Kraft, "Formeln" sinnlichen Ursprungs zu fassen und zu einigen. Er wird erkennen,

> *"daß unsere Seele eigentlich nichts könne und thue, als Formeln der Art aufzulösen, mit einem Abdrucke göttlicher Energie, zwar nicht aus Finsternis, aber aus Dämmerung Licht, aus einer nassen Flamme helle Funken hervorzurufen; (...) Sie...macht das Vielfache Eins, suchet aus Lüge Wahrheit, aus unstäter Ruhe helle Thätigkeit und Würkung..." (VEE 194f.)*

Herders Seelenbegriff läßt aber auch ein merkwürdig ambivalentes Verhältnis zur leibnizischen Substanzkonzeption erkennen. So übernimmt Herder die individualisierende Definition der Seele, allerdings ohne den spezifischen Zusatz der "einfachen Substanz", denn dieser würde die unmittelbare Assoziation mit der Annahme eingeborener Ideen erzwingen, einer erkenntnistheoretischen Prämisse bei Leibniz. Herders sensualistisches Grundkonzept kann dagegen die Theorie der eingeborenen Ideen nicht berücksichtigen; seine diesbezügliche Kritik an der rationalistischen Tradition und den eigenen Ansatz positioniert er gleichsam antithetisch gegeneinander:

> *"Alles ist ihnen angeboren, eingepflanzt, der Funke untrüglicher Vernunft, ohne einen Prometheus, vom Himmel gestohlen. Laß sie reden und ihre Bildwörter anbeten: sie wissen nicht, was sie thun. Je tiefer jemand in sich selbst, in den Bau und Ursprung seiner edelsten Gedanken hinab stieg, desto mehr wird er Augen und Füße decken und sagen: was ich bin, bin ich geworden. Wie ein Baum bin ich gewachsen: der Keim war da; aber Luft, Erde und alle Elemente, die ich nicht um mich satzte, mußten beitragen, den Keim, die Frucht, den Baum zu bilden." (VEE 198)*

Andererseits entlehnt Herder der Auffassung Leibnizens und Wolffs die These von der subjektiv-spezifischen "Färbung" der Vorstellungsinhalte gemäß der körperlichen Standorte im Weltganzen.[30]

---

[28] Die Transposition mathematischer Methoden auf sämtliche philosophische Disziplinen galt in der Schulphilosophie Wolffscher Provenienz als für die Evidenz notwendig und selbstverständlich. Wolff sieht folgerichtig ihren Nutzen auch in der Psychologie: "In numerum principiorum demonstrandi non assumuntur nisi definitiones, experientiae indubitatae, axiomata & propositiones iam demonstratae." cf. Psychologia rationalis, Prolegomena, § 3

[29] Gegen die mathematische Methode in der Philosophie und ihr scheinbar gedankenloses Deduzieren polemisiert Herder. Sie sei "eine Philosophie, für die uns alle Musen bewahren!" (VEE 180, 196, passim)

[30] In dem an den Jansenisten Antoine Arnauld adressierten "Discours de Métaphysique" von 1686 explizierte G. W. Leibniz erstmals systematisch einen Kerngedanken seiner Substanzlehre, nämlich die Bedeutung des jeweiligen Standortes für die Vorstellungsqualität der Substanz, das Universum gleich einem Spiegel abbilden zu können: "...toute substance est comme un monde entier et comme un miroir de Dieu ou bien de tout l'univers, qu'elle exprime chacune à sa façon, à peu pres comme une même ville est diversement representée selon les differents situations de celuy qui la regarde." cf. Gerhardt, op.cit., pp. 427-463. Leibniz' Darlegungen über die standortgebundene Relativität der vis repraesentativa haben so entscheidend die Philosophie der Folgezeit bestimmt, daß Wolff 1740 voller Überzeugung behaupten konnte, daß "nemo est, qui nesciat animam sibi repraesentare hoc universum convenienter mutationibus, quae in organis sensoriis contingunt, sensibilibus in eadem agentibus." cf. Chr. Wolff, Psychologia rationalis, Praefatio

Bei Leibniz wie Herder gewinnt dieser Punkt nicht nur allgemein als *"principium cognitionis"*, sondern auch als *"principium individui"* große Bedeutung: Nach diesen individuell gefärbten Perzeptionen baut und "prägt" die Einkraft "Seele" sich ihr eigenes Universum, der Mensch

> *"(...) stellt sich das Weltall nur nach den Formeln vor, die ihm sein Körper zubrachte. Er empfindet nur im beständigen Horizont seines Körpers." (Fassung 1774, S. 251)*
> *"Aus dem Allen webt und würkt nun die Seele sich ihr Kleid, ihr sinnliches Universum." (VEE 189)*

Von der Relevanz des hier Ausgeführten für das menschlichen Schaffen handelt das folgende Kapitel dieser Arbeit.

§6 Einheit von Erkennen und Empfinden: Geniekonzept und Schaffensprozeß

Die bisherigen Ausführungen dienten dazu, die schrittweise vereinheitlichende Entwicklung zur Interdependenz von Erkenntnis (sc. Denken) und Empfindung nachzuzeichnen. Dabei erwiesen sich die argumentativen Schritte als beständiger Konnex physiologischer und psychologischer Phänomene. Der schließlich enge Wechselbezug von Erkennen und Empfinden illustriert die Harmonisierung der in der Wolff-Schule noch unterschiedlich charakterisierten Vermögen zu der nunmehr *"einen Gabe"*, über die jeder Mensch verfügt. Die Kräfteharmonie von Erkennen und Empfinden verleiht den in der rationalistischen Schulphilosophie getrennten Vermögen Einbildungskraft, Witz, Gedächtnis und Scharfsinn jene sinngebende Einheit, sc. *"Ausbreitung, Tiefe, Energie und Wahrheit"* (VEE 222), welche Herder im zweiten Teil seiner Schrift mit dem Terminus "Genie" belegt.

"Genie" ist sinngebende, einheitsstiftende Funktion, ist *"die einzelne Menschenart"* (VEE 222) und resultiert aus dem Kräftegleichmaß Erkenntnis und Empfindung. Innerhalb der jeweiligen seelischen Ausdrucksformen bewirkt "Genie" deren lebendige Beseelung und erhebt sie aus dem Stand bloß vereinzelter *"Thierkräfte"* (VEE 223) in den einer sinnvollen harmonischen Ganzheit.

> *"Nun sind der Gaben so viel als Menschen auf der Erde sind, und in allen Menschen ist gewissermaassen auch nur Eine Gabe, Erkenntnis und Empfindung, d. i. inneres Leben der Apperzeption und Elastizität der Seele. Wo dies da ist, ist Genie, und mehr Genie, wo es mehr, und weniger, wo es weniger ist u. f. Nur dies innere Leben der Seele gibt der Einbildung, dem Gedächtnis, dem Witz, dem Scharfsinn, und wie man weiter zähle, Ausbreitung, Tiefe,*

Energie, Wahrheit. (...); aber trenne von ihren Werken und Unternehmungen Verstand, Gefühl der Wahrheit, inneres Menschenleben: so sinds nur Thierkräfte..." (VEE 222f.)

Voraussetzung für das Genie ist also Einheit der Seele, d. h. inneres Gleichmaß und beseelte Ganzheit ihrer Kräfte. Unausgewogenheiten zwischen Erkennen und Empfindung beseitigen die notwendige Kräfteharmonie und versetzen den Menschen in die funktionale Ausschließlichkeit nur einer Teilkraft. Eindringlich dokumentiert Herder die möglichen Resultate: Einerseits ergäben sich bei einem Zuviel der Vernunfttätigkeit beinahe zwangsläufig *"Spekulanten ohne Hand und Auge, Schwätzer ohne Gefühl, Regelngeber ohn' alle Kunst und Uebung."* (VEE 218) Herder charakterisiert sie als *"elende Halbdenker"* (ibid.); zum anderen wird die gegenteilige Ausrichtung, die *"Sekte der Empfindler"* (VEE 218) in gleicher Weise negativ bewertet. (VEE 218f.) Dagegen garantiert die Ausgewogenheit von Verstand und Gefühl *"That"* und *"Wahrheit"*. Will der Mensch also *"Seligkeit und Ruhe"* (VEE 216) genießen, so ermöglicht dies nur das *"Ebenmaas"* beider Kräfte, denn *"weder Erkenntnis noch Empfindung allein können sie geben, wenn nicht beide einander unterstützen, heben und stärken." (Ibid.)*

> *"Die gesundesten Menschen aller Zeit hatten nichts ausschließend: Erkenntniß und Empfindung floß in ihnen zu Menschenleben, zu That, zu Glückseligkeit zusammen. Auch die abstrakteste Wissenschaft hat ihre Anschauung..." (ibid.)*

Beispielhaft erscheint Herder daher das Menschverständnis der griechischen Antike. Dort sieht er sein Postulat menschlicher Ganzheit verwirklicht. Die Schilderung antiker Zustände zentriert sich in der Feststellung, daß Menschsein zuvörderst tätige Selbstverwirklichung entsprechend der individuellen Gaben und Kräfte bedeutet habe. Herders Schau mag idealisch interpretiert sein, der Zweck ist allerdings die Konfrontation seines Einheitsgedankens mit den vielfach ambitionierten Zergliederungspraktiken aufklärerischer Anthropologie.

> *"In Zeiten also, da noch alles näher zusammen war, und man die Fäden menschlicher Bestimmung, Gaben und Kräfte noch nicht so losgewunden und aus ihrem verflochtnen Knäuel heraus gezaust hatte: In Zeiten, da Ein Mensch mehr als Eins und jeder alles war, was Er seyn konnte...da stütze Eine Kraft die andre, und Alles blieb im kräftigen Naturspiele...Ich nehme die Griechen in ihren schönsten Zeiten zum Beispiel. Was dorfte ein Mann seyn!" (VEE 217)*

Da jeder Mensch erkennt und empfindet und damit per definitionem die Bedingung der Möglichkeit von "Genie" grundsätzlich erfüllt, kann Herder sein Geniekonzept individualisieren. Er schließt, daß *"jeder Mensch von edeln lebendigen Kräften Genie auf seiner Stelle (ist), in seinem Werk, zu seiner Bestimmung, und wahrlich, die besten Genies sind außer der Bücherstube."* (VEE 223) Demnach verknüpft Herder die Unverwechselbarkeit des Individuums, die individuelle Einheit des Selbst und letztlich unnachahmliche Echtheit in Person und Schaffen mit der Bezeichnung "Genie". Das Genie findet sich weder in trockener Gelehrsamkeit (VEE 225)[31] noch in realitätsentrückter Spekulation oder exaltierter Empfindelei, sondern es umfaßt die charakterlich unverfälschte Ausdruckssphäre des Individuums: Das Genie ist die *"gute, eigne Art"* (VEE 230), welche mehr durch Bescheidenheit, *"gesundem Verstand"*, Anschauung und echter, weil naturverbundener Empfindung denn durch *"überfüllende Kenntnisse und verzärtelnde Empfindungen"* (VEE 216) zutage tritt. Weder *"gottloser Fleiß"* noch der *"nagende Hunger nach Wissenschaft"* (VEE 225) repräsentieren das Genie, vielmehr äußert es sich, ähnlich wie in der Definition Lessings,[32] eher durch "befreiendes" Nichtwissen, als durch Konformität mit dem gerade Aktuellen, bzw. den *"Modeformeln"* (VEE 224). So zeichnet sich das Genie *"seiner Bescheidenheit gemäß, mehr durch das, wovon es nicht weiß, als das, wovon die Welt tönet"* (VEE 225) aus. Herders Geniekonzept übt in diesem Zusammenhang auch Kritik an einigen anderen zeitgenössischen Definitionsansätzen, die das Genie stets mit außergewöhnlichen Eigenschaften bestimmter Seelenkräfte in Verbindung setzten.[33]

---

[31] Wahrscheinlich bezog sich Herder (ebenso wie Lessing) in einigen Passagen seines Geniekonzepts auf Edward Youngs breit rezipiertes Werk "Conjectures on original composition" von 1759. Darin entwickelt Young einen Geniebegriff, der entscheidend von Regellosigkeit und dem Sinn für ungezwungenes, natürliches Schaffen durchdrungen ist. "The mind of a man of Genius is a fertile and pleasant field, pleasant as Elysium and fertile as Tempe; it enjoys a perpetual spring. Of that spring, Originals are the fairest flowers; Imitations are of quicker growth, but fainter bloom." (p. 9) Die Gelehrsamkeit dagegen charakterisiert Young als eine Instanz, die "inveighs against natural unstudied Graces, and small harmless Indecorums, and sets rigid bounds to that liberty, to which Genius is often owes its supreme Glory; but the No-Genius its frequent Ruin." (p. 27) Gelehrsamkeit bedeutet strikte Anwendung von Regeln, die das Genie überschreiten muß, will es die "ungeregelten", wahrhaftigen Schönheiten ("un-prescribed Beauties") erschaffen und der bloßen imitatio entgegenstellen: "For Rules, like Crutches, are a needful Aid to the Lame, tho' an Impedimemt to the strong." (p. 28) Das Genie verachtet die Gelehrsamkeit und beruft sich auf das originale, freie Selbst: "...so to neglect of Learning, Genius sometimes owes its greater glory," (p. 29), cf. Edward Young, Conjectures on original composition, in a letter to the author, London 1759
[32] Bei Lessing heißt es: "Dem Genie ist es vergönnt, tausend Dinge nicht zu wissen, die jeder Schulknabe weiß; nicht der erworbene Vorrat seines Gedächtnisses, sondern das, was es aus sich selbst aus seinem eigenen Gefühl, hervorzubringen vermag, macht seinen Reichtum aus...", cf. G. E. Lessing, Hamburgische Dramaturgie, 34. Stück, in: Gesammelte Werke, Hrsg. Wolfgang Stammler, München 1959, Bd. 2, p. 472
[33] A. G. Baumgarten z. B. versteht unter dem Terminus "ingenium" im weiteren Sinne eine bestimmte Verhältnismäßigkeit innerhalb der Erkenntnisvermögen, enger gefaßt aber den besonderen Habitus zu gewissen Verrichtungen: "Determinata facultatum cognoscitivarum proportio inter se in aliquo, est ingenium eius, latius dictum. (...) Quae ad omnia cognoscendorum genera notabilior aptiora sunt Ingenia latius sumta multis aliis Universalia et quatenus gradu plerarumque facultatum cognoscitivarum multum multa alia excedunt, superiora nuncupantur.", cf. Metaphysica, §§ 648f
Bei J. G. Sulzer ist neben einem bloßen Interesse vor allem eine "Stärke der Seelenkräfte" für das Genie konstitutiv. Witz, gründliches Urteil und Geistesgegenwart führen mithin zu einer höheren geistigen Intensität und zur leichteren Entdeckung der Dinge, cf. Sulzer, Entwicklung des Begriffs vom Genie (1757), in: op.cit., p. 307-322

Die Entwicklung des Menschen gleicht einer "Knospe", seine Empfindungs- und damit Erkenntnisweise unterliegt den sich fortwährend ändernden äußeren Determinanten seines Lebensalters. *"Ein Mensch in verschiedenen Lebenszeiten ist sich nicht gleich, denkt anders, nachdem er anders empfindet."* (VEE 209) Schließlich entscheiden externe Faktoren wie Erziehung, Standesbräuche und Gesellschaftsstrukturen, ob das Individuum sich seine ursprüngliche, keimhafte Identität bewahren kann oder nicht. So warnt Herder denn auch vor fehlerhaften erzieherischen Maßnahmen, die insbesondere in der frühen Entwicklungsphase eines Menschen das erstrebte innere Gleichmaß von Erkenntnis und Empfindung *("Elasticität der Seele")* nachhaltig beeinträchtigen könnten. (VEE 227)

Diese identitätsprägenden Determinanten üben beispielsweise unmittelbaren Einfluß auf den potentiellen literarischen Schaffensprozeß eines Menschen aus. Besonders im literarischen Werk kann das lebendig-ganzheitliche Prinzip der Seele transparent werden; hier kann die je einzelne, innere Welt des Menschen in unverwechselbarer und echter Manier erscheinen, gesetzt, der Mensch, bzw. der Autor, leistet sich selbst, d. h. seinem *"tieffsten Grund"* ehrlich Genüge. Nur dann bleibt das geschaffene Werk getreues Abbild individueller Eigenart, und nur dann gilt die vita eines Autors auch als *"der beste Commentar seiner Schriften"* (VEE 208), solange der Schriftsteller *"nehmlich treu und mit sich selbst Eins ist, nicht einer Heerde an Wegscheiden und Landstraßen nachblöcket."* (ibid.)

Einheit von Leben und Werk, von Seelengrund, innerem Leben (Genie) und Schaffen markieren den unnachahmlichen Charakter eines Autors und erheben seine literarische Schöpfung zum *"einzigen, lebendigen Lesen"* und *"tieffsten Mittel der Bildung"* (VEE 208); sie erheben sein Werk zu einem Produkt ganzheitlicher Ästhetik, reflektiert es doch den ganzen Menschen.

§7 Nachtrag: Die Einheit von Mensch und Natur

Herder begreift nicht nur den Menschen selbst als Ganzheit. Da der Mensch sein Dasein in einem kontinuierlich fließenden Ablauf der natürlichen Dinge eingebettet findet, ist auch das Verhältnis Mensch - Natur im Sinne einer (pantheistischen) Ganzheit zu verstehen.[34] Das Naturverständnis Herders gründet also auf der These eines belebten, in seinen Bestandteilen nicht voneinander getrennten Eins, dem der Mensch zugehört.

> "Ueberhaupt ist in der Natur nichts geschieden; alles fließt durch unmerkliche Uebergänge auf- und ineinander; und gewiß, was Leben in der Schöpfung ist, ist in allen Gestalten, Formen und Kanälen nur Ein Geist, Eine Flamme." (VEE 178)

Unter dieser pantheistischen Perspektive erhält die Gesamtnatur

1. den unmittelbaren Kontakt zwischen den wirkenden Bestandteilen aufrecht; z. B. ist der Mensch kraft seiner Eingliederung in den Gesamtkontext der Natur in der Lage, in dem *"große(n) Schauspiel würckender Kräfte" "überall Ähnlichkeit"* (VEE 169) mit dem zu fühlen, was ihn umgibt und woraus er durch analogen Schluß (VEE 170) seine Kenntnisse gewinnt.

2. ein hierarchisches, beseeltes Seinsprinzip der "Läuterung".

> "Jede Blume will ihr Werk treiben, empfangen, genießen, fortläutern, geben. Das Kraut zehrt Wasser und Erde und läutert sie zu Theilen von sich hinauf: das Thier macht unedlere Kräuter zu edlerm Thiersafte: der Mensch verwandelt Kräuter und Thiere in organische Theile seines Lebens, bringt sie in die Bearbeitung höherer, feinerer Reize. So läutert sich alles hinauf: höheres Leben muß von geringerm, durch Aufopferung, und Zerstörung werden." (VEE 175 f.)

Man kann zusammenfassen: Herder zergliedert Mensch und Natur nicht mehr einerseits in ein bloß auf Erkennen angelegtes, vernunftbegabtes Subjekt und andrerseits in einen mehr oder weniger unbelebten Objektbereich. Diese Dichotomisierung ist nun aufgehoben; auch zwischen Mensch und Natur, die Eine Ganzheit repräsentieren, herrscht Beseelung, Verwandtschaft, Ähnlichkeit und Leben.

---

[34] Bezüglich des Kontinuitätsprinzips rekurriert Herder sicherlich auf Leibniz, der mit dem lex continuitatis gleichfalls jede trennende Instanz innerhalb der Gesamtnatur neutralisierte, cf. Gerhardt, Bd. II, Brief an Burcher de Volder, p. 169 f.

Literaturverzeichnis

Zusätzlich zu den bereits angeführten relevanten Herder - Texten verwendete ich folgende Literatur:

- *Georg Bernhard Bilfinger:* Dilucidationes philosophicae de Deo, anima humana, mundo, et generalibus rerum affectionibus, Tubingae 1725, (Reprint Hildesheim 1982)
- *Ludwig Phillip Thümmig:* Institutiones philosophiae Wolfianae, Francofurti et Lipsiae 1725 (Repr. Hildesheim 1982)
- *Friedrich Christian Baumeister:* Philosophia definitiva, hoc est definitiones philosophiae ex systemate Lib. Bar. a Wolf, Halae 1741, (Repr. Hildesheim 1978)
- *Christian Wolff:* Vernünfftige Gedancken von Gott, der Welt und der Seele des Menschen, auch allen Dingen überhaupt, 11. Auflage Halle/Frankfurt 1751, (Repr. Hildesheim 1983)

  ders.: Psychologia empirica, methodo scientifica pertractata, Francofurti et Lipsiae 1738, (Repr. Hildesheim 1978)

  ders.: Psychologia rationalis, methodo scientifica pertractata, Francofurti et Lipsiae 1740, (Repr. Hildesheim 1972)

  ders.: Ratio praelectionum Wolfianarum in mathesin et philosophiam universam, Halae 1735, (Repr. Hildesheim 1972)
- *Johannes Clauberg:* Corporis et animae in homine coniunctio, plenius descripta. Opera omnia philosophica, Amstelodami 1691 (Repr. Hildesheim 1968)
- *Arnold Geulincx:* Opera philosophica, recognavit J. Laud, Den Haag 1891
- *Rene Descartes:* Oeuvres, Hrsg. von Gh. Adam & Paul Tannery, Paris 1904
- *Nicolas Malebranche:* Oeuvres completes, ed. G. Rodis—Lewis, Paris 1962
- *John Locke:* Essay concerning human understanding, ed. A. C. Fräser, New York 1959 (2 Volumes)
- *Alexander Gottlieb Baumgarten:* Metaphysica, Halae 1779 (Repr. Hildesheim 1963)

  ders.: Aesthetica, Frankfurt/Oder 1750, (Repr. Hildesheim 1970)
- *Gottfried Wilhelm Leibniz:* Die philosophischen Schriften. Hrsg. von C. I. Gerhardt, 7 Bände, Berlin 1875-So, (Repr. 1960-79)
- *Johann Georg Sulzer:* Vermischte philosophische Schriften, Leipzig 1773, (Repr. 1970)
- *Johann August Eberhard:* Allgemeine Theorie des Denkens und Empfindens, Berlin 1786, (Repr. 1968)
- *Rudolf Haym:* Herder nach seinem Leben und seinen Werken, Berlin 1880
- *Edward Young:* Conjectures on original composition, London 1759
- *Gotthold Ephraim Lessing:* Gesammelte Werke, Hrsg. Wolfgang Stammler, München 1959